AF468676

DOCUMENTS DIVERS

CONCERNANT LE

DROIT DE STATIONNEMENT

1° Extraits des Textes: Lois, Décrets, Circulaires, Instructions, Arrêtés ministériels et Avis du Conseil d'État relatifs au droit de stationnement

Loi du 11 frimaire an VII

(Qui détermine le mode administratif des recettes et dépenses départementales, municipales et communales.)

Article 7. — Les recettes communales, quant aux communes faisant partie d'un canton, se composent : . . . . . . 3e **Du produit de la location des places dans les halles, les marchés et chantiers, sur les rivières, les ports et les promenades publiques, lorsque les *administrations* auront reconnu que cette location peut avoir lieu sans gêner la voie publique, la navigation, la circulation et la liberté du commerce.**

Circulaire ministérielle du 17 décembre 1807

(Recueil des circulaires, tome 2, p. 62.)

« Plusieurs Préfets, se reportant à des instructions anciennement reçues, ont « cru pouvoir en conclure qu'ils ne devaient pas soumettre à mon approbation les « arrêtés qu'ils seraient dans le cas de prendre pour autoriser la perception des « droits de location des places dans les halles et marchés. Ces perceptions n'ont, il « est vrai, pas besoin d'être établies par une disposition spéciale du Gouvernement « parce qu'elles sont établies par la loi de frimaire an VII, **mais il faut pour**

« l'exécution de cette loi que les Préfets soumettent à mon examen « et à mon approbation les arrêtés qu'ils seraient dans le cas de « prendre. » Chargé par le Gouvernement de surveiller l'administration des communes je dois être à portée d'apprécier : 1° si elles ont besoin d'augmenter leurs revenus; 2° si les droits à percevoir ne sont pas trop considérables; 3° si leur établissement ne nuira pas à la circulation ou au commerce des denrées et à l'approvisionnement des communes.

Ordonnance du 30 décembre 1818 relative aux droits de place dans les halles et marchés de Paris

Article 2. — « Les rétributions à établir dans les halles, foires et marchés, « ensemble les suppressions, changements, modifications qu'il pourrait être néces- « saire d'apporter aux tarifs actuellement en vigueur **seront désormais « approuvés par notre Ministre, sous-secrétaire d'État au départe- « ment de l'Intérieur, sur l'avis de Monsieur le Préfet de la Seine « et l'avis du Conseil municipal,** ***à l'instar des rétributions de même nature établies dans les autres communes du royaume.***

Ordonnance du 8 août 1821

Sur l'administration municipale (Duvergier, à sa date)

Article 3. — « **Quand les Préfets,** après avoir pris avis écrit et motivé du « Conseil de préfecture, **jugeront que la délibération n'est pas relative à « des objets d'intérêt communal** ou s'étend hors de ces intérêts, **ils en « référeront à notre Ministre, sous-secrétaire d'Etat à l'Intérieur. »**

Instruction ministérielle du 20 novembre 1821

(Recueil des circulaires, à sa date)

« Les lois ont mis au rang des revenus qui peuvent être créés dans l'intérêt des « communes des droits d'octroi sur la consommation, des droits de pesage et de « mesurage et des droits de place dans les halles, foires et marchés.

« Les communes doivent avoir la libre administration des droits de cette nature, « mais leur création et leur établissement excèdent les bornes de l'autorité muni- « cipale ou celle qui vous est confiée.

« **Les délibérations prises par le Conseil municipal à cet effet « devant être considérées comme s'étendant hors de l'intérêt de la « commune à raison de leur influence sur les intérêts commer- « ciaux, vous aurez à m'en référer, conformément à l'art. 3 de l'or- « donnance du 8 août, et à suivre, tant pour l'établissement des « droits que pour l'homogation des tarifs, les règles qui ont été im- « posées jusqu'à présent.** »

Loi du 18 juillet 1837 sur l'Administration municipale

Article 19. — Le Conseil municipal délibère sur les objets suivants : 1° Le budget de la commune et en général *toutes les recettes et dépenses, soit ordinaires, soit extraordinaires.*

Article 20. — Les délibérations des Conseils municipaux sur les objets énoncés en l'article précédent, sont adressées au Sous-Préfet. Elles sont exécutoires sur l'approbation du Préfet, **sauf le cas où l'approbation par le Ministre compétent ou par ordonnance royale, est prescrite par les lois ou par les règlements d'administration publique.**

Article 31.— Les recettes ordinaires se composent: 1° . . . . ***7° Du produit des permis de stationnement et des locations sur la voie publique, sur les ports et rivières et autres lieux publics.***

Avis du ministre de l'Intérieur du 15 septembre 1837

(*Dalloz v: commune N° 100*)

« La rédaction du § 7 de l'article 31 de la loi de 1837 ne laisse aucun doute. Il « est bien entendu maintenant que la perception des droits de places sur les routes « et emplacements dépendant de la grande voirie **pourra être autorisée dans « la forme ordinaire, sauf l'avis préalable de l'administration des « ponts et chaussées en ce qui concerne la circulation.** »

Avis du Conseil d'État du 6 décembre 1848

Le Conseil d'État, **consulté** par M. le Ministre de l'Intérieur **sur la question de savoir:**

Si l'on peut autoriser la perception par les communes de droits de stationnement sur les rivières navigables.

En d'autres termes :

Comment doit-être entendue et appliquée la disposition de la loi du 18 Juillet 1837 (article 31, n° 7) ainsi conçue :

« Les recettes ordinaires des communes se composent. . . . . « . . . . 7° du produit des permis de stationne-

« ment et des locations sur la voie publique, sur les ports et rivières et autres lieux « publics. »

Vu la loi du 18 Juillet 1837;

Vu la loi du 11 Frimaire, an VII, article 7, n° 3;

Considérant que la loi du 18 Juillet 1837, article 31, n'a fait que répéter, en les confirmant, les dispositions spéciales de la loi du 11 Frimaire an VII, en ce qui concerne les recettes municipales et communales;

Que sous l'empire de cette dernière loi, le droit des communes de percevoir des taxes pour le stationnement sur les rivières n'a jamais été mis en doute par l'autorité supérieure qui l'a consacré par l'approbation des tarifs toutes les fois, qu'aux termes de cette loi, elle a reconnu que leur application pouvait avoir lieu sans gêner la navigation, la circulation et la liberté du commerce et cela sans que l'article 538 du code civil, qui range les rivières navigables parmi les choses du domaine public, ait jamais paru un obstacle à l'établissement de ces taxes; car de ce que l'État concède aux communes, pour leurs besoins particuliers, la faculté de percevoir, pendant un temps limité, des droits réglés par lui-même, il ne s'en suit pas qu'il y ait, de la part de l'État, abandon de son droit de propriété ou atteinte portée au principe de l'inaliénabilité du domaine public;

Que ce qui était vrai et licite sous l'empire de la loi du 11 Frimaire, an VII, l'est bien plus encore depuis la promulgation de la loi du 18 Juillet 1837 dont les termes formels, non contestés dans les Chambres, seraient d'ailleurs confirmés par la discussion générale de cette loi; **discussion de laquelle il résulte que les droits pour la location de places sur la voie publique pourront être établis au profit des communes sans distinction de la grande ou de la petite voirie.**

Que c'est ainsi que les communes en ont toujours joui et que l'administration supérieure l'a toujours entendu, avant et depuis la loi du 18 Juillet 1837;

Qu'en outre, une disposition formelle du budget des recettes autorise annuellement la perception de ces taxes au profit des communes;

Qu'ainsi et sous le rapport du droit, il ne peut y avoir de doute sur la légalité de ces taxes;

Considérant, toutefois, que sous d'autres rapports *et en fait,* ***on ne peut se dissimuler que l'établissement trop fréquent desdites taxes,*** *leur élévation ou leur durée,* ***pourrait avoir, au point de vue de la navigation et du commerce en général, des inconvénients de la nature la plus grave;***

Que c'est à ***l'autorité supérieure,*** juge naturel des inconvénients, ***à concilier tous les intérêts en n'accordant qu'avec mesure l'établissement de ces taxes, alors seulement qu'elles sont indispensables aux communes, en les limitant, quant à leur durée, en les modérant quant aux tarifs de perception;***

Est d'avis :

1° *Que des droits de stationnement sur les rivières peuvent être établis au profit des communes, avec l'autorisation préalable du gouvernement;*

2° Que cette autorisation doit être temporaire, toujours révocable et strictement renfermée dans la limite des besoins urgents des communes.

Décret du 25 mars 1852 sur l'organisation administrative

ARTICLE PREMIER. — **Les Préfets continueront de soumettre à la décision du Ministre de l'Intérieur les affaires communales et départementales qui affectent directement l'intérêt général de l'État** ;..... mais ils statueront désormais sur toutes les autres affaires départementales et communales qui, jusqu'à ce jour, exigeaient la décision du chef de l'Etat ou du Ministre de l'Intérieur et dont la nomenclature est fixée par le tableau A ci-annexé :

Tableau A..... **n° 34 :** Tarif des droits de location de place dans les halles et marchés, et des droits de pesage, jaugeage et mesurage ..... **n° 53 :** Tarif des droits de voirie dans les villes ..... **n° 55 :** *enfin tous les autres objets d'administration départementale et communale, sauf les exceptions ci-après.....*

ARTICLE 4. — Les Préfets statueront également sans l'autorisation du Ministre des Travaux publics, mais sur l'avis ou la proposition des Ingénieurs en chef et conformément aux règlements ou instructions ministérielles sur tous les objets mentionnés au tableau D ci-annexé.

Tableau D..... **7°** Autorisation et établissement des débarcadères, sur les bords des fleuves et rivières pour le service de la navigation; fixation des tarifs et des conditions d'exploitation de ces débarcadères; ..... **9°** Autorisation et établissement des bateaux particuliers.

Circulaire du Ministre de l'Intérieur du 25 mars 1852

(D. 52. 3.31)

(*Extrait relatif au § 34 du tableau A : Tarif des droits de location de places dans les halles et marchés et des droits de pesage, jaugeage et mesurage.*)

Les Préfets statueront désormais sur ces tarifs. Il faut ajouter à cette énumération les taxes d'abatages dans les abattoirs, qui ont toujours été considérées comme offrant le même caractère que les précédentes; les droits de resserre ou de magasinage des objets non vendus les jours de marché; ceux d'étable ou d'écurie pour les animaux amenés aux tueries ..; ***ceux de stationnement sur les ports, sur les rivières, etc.*** **Ces divers droits ne sont pas énumérés dans le § 34, mais ils se trouvent compris implicitement**

dans les dispositions générales du § 55. Vous vous pénétrerez, avant d'approuver ces tarifs, des principes consacrés dans les diverses instructions sur la matière, notamment dans les circulaires des 17 décembre 1807 et 10 novembre 1821.

Extrait du Bulletin officiel du Ministre de l'Intérieur année 1858, p. 317

La question s'est élevée de savoir si, aux termes des dispositions du décret du 25 mars 1852, **il appartient au Préfet d'approuver la perception du droit de stationnement** sur les ports, rivières, quais, grèves et autres lieux dépendant de la grande voirie.

Les départements de l'intérieur et des travaux publics ont résolu cette question de la manière suivante :

Le décret de 1852 a, il est vrai, spécialement décentralisé les tarifs des droits de place dans les halles et marchés (A. n° 34), **mais** il a réservé d'une manière générale au Gouvernement la direction de toutes les affaires pouvant affecter directement l'intérêt de l'Etat *(article 1)*. **Or,** l'établissement des droits de stationnement sur les quais, ports et autres dépendances de la grande voirie présente ce caractère. Il pourrait, en effet, entraîner des inconvénients, soit pour la circulation de la navigation, soit pour la liberté du commerce et les revenus du Trésor. **D'où il suit que l'autorisation du Ministre de l'Intérieur, comme antérieurement au décret précité, est indispensable aux communes pour établir les taxes dont il s'agit.** Mais avant d'adresser à l'adminisiration centrale le tarif voté par l'administration municipale, il convient d'abord de le communiquer aux ingénieurs des ponts et chaussées pour qu'ils aient à présenter leurs observations sur les conditions de l'autorisation réclamée et sur les limites dans lesquelles elle peut être accordée ; puis de soumettre le projet à une enquête à l'effet de s'assurer que les taxes proposées ne sont pas de nature à nuire aux intérêts généraux du commerce et de la navigation. Enfin, le Ministre de l'Intérieur ne doit prononcer qu'après avoir pris l'avis de son collègue.

Circulaire ministérielle de 1860

(Bulletin officiel à sa date)

« Les **droits de stationnement** sur les quais, rivières et autres dépendances de la grande voirie **ne rentrent pas dans la catégorie des objets décentralisés par le décret de 1852 et l'autorisation du Ministre est toujours indispensable aux communes pour établir les taxes de cette nature. Ce point** qui avait d'abord fait question est aujourd'hui **admis comme règle** par les départements de l'intérieur et des travaux publics »

Loi municipale du 24 juillet 1867, article 1er

Les Conseils municipaux **règlent par leurs délibérations** les affaires ci-après désignées, savoir :

. . . .

4° Le tarif des droits de place à percevoir dans les halles et marchés ;

5° ***Les droits à percevoir pour permis de stationnement et de locations sur les rues, places et autres lieux dépendant du domaine public communal.***

Circulaire du Ministre de l'Intérieur du 3 août 1867

(D. 1867. 3.75)

§ 5. *Tarif des Droits de Place.* — **Le** § **5** de l'art. 1er de la loi de 1867 concernant le tarif des droits à percevoir pour le *stationnement* ***sur les*** *rues, places et autres lieux dépendant du domaine public* **communal ne modifie pas la règle d'après laquelle ces mêmes tarifs doivent être soumis à l'approbation de l'autorité supérieure quand il s'agit des ports, quais, rivières et autres lieux dépendant de la grande voirie,** à raison des intérêts généraux qui se rattachent à la liberté du commerce et de la navigation et que ces perceptions pourraient compromettre.

Loi du 20 décembre 1872, portant fixation du budget général des dépenses et des recettes de l'exercice 1873

Article 2. — Est autorisé, au profit de l'Etat, la perception de redevances à titre d'occupation temporaire ou de location des plages et de toutes autres dépendances du domaine maritime. Mais, en ce qui touche les établissements de pêche concédés par le Ministre de la Marine, il ne sera rien changé à ce qui existe, jusqu'à ce qu'un accord soit intervenu dans le courant de 1873 entre le Ministre de la Marine et le Ministre des Finances.

Avis des sections réunies de l'Intérieur et des Travaux publics du Conseil d'État du 2 juin 1875

Les sections réunies consultées par Monsieur le Ministre de l'Intérieur et par Monsieur le Ministre des Travaux publics sur les questions suivantes : 1° **Est-ce**

au Ministre de l'Intérieur après avoir pris avis du Ministre des Travaux publics ou inversement qu'il appartient de fixer le tarif et d'autoriser la perception des droits de stationnement ou de location à percevoir par la ville de Lyon sur les pontons et emplacements destinés au service des bateaux à vapeur omnibus sur la Saône.

Vu la loi du 11 frimaire an VII, art. 7;

Vu la loi de 1837, art. 31, § 7;

Vu le décret de 1852, art. 1er; tableau A nos 34 et 55 et tableau D no 7;

Vu la loi de 1867, art. 1er, § 5;

Vu la loi du 20 décembre 1872, art. 2;

Vu les dépêches des Ministres de l'Intérieur et des Travaux publics aux dates des 24 et 30 mars 1855;

Vu le *Bulletin officiel du Ministère de l'Intérieur*, année 1858, p. 317;

Considérant qu'aux termes de l'article 7 de la loi du 11 frimaire an VII, les recettes des communes se composent . . . . . : 3° Du produit de la location des places dans les halles, les marchés et chantiers, sur les rivières, les ports et les promenades publiques *lorsque les Administrations auront reconnu que cette location peut avoir lieu sans gêner la voie publique, la navigation, la circulation et la liberté du commerce.*

Que l'article 31, § 57 de la loi du 18 juillet 1837 range ce produit parmi les recettes ordinaires des communes.

Considérant qu'il appartient au Ministre de l'Intérieur d'apprécier si l'état des besoins financiers et des ressources budgétaires de la ville justifie l'établissement de droits de **stationnement** *et de juger comment et dans quelle mesure ces droits pourront être perçus sans imposer une charge trop lourde aux habitants et sans porter atteinte à l'ordre et à la tranquillité publique;*

Considérant d'autre part qu'il appartient au Ministre des Travaux publics d'examiner si l'établissement des pontons nécessaires pour le service des bateaux-omnibus et si le tarif demandé par la ville seraient de nature à entraver la circulation sur la rivière et à nuire à la liberté de la navigation;

Considérant que le décret du 25 mars 1852 sur la décentralisation administrative a réservé au Gouvernement les mesures d'intérêt général;

Que, par suite, il avait été admis, d'accord entre les deux départements ministériels par les décisions susvisées de 1855 et 1858 que le Ministre de l'Intérieur homologuerait, s'il y avait lieu, les tarifs; mais qu'il devrait, avant de statuer, prendre l'avis du Ministre des Travaux publics;

Que pour mieux assurer la conciliation des intérêts, dont les deux ministères ont la garde, il paraît utile de réserver au chef de

l'État le soin d'autoriser l'établissement des droits de stationnement et d'en fixer le tarif;

Qu'en raison du caractère essentiellement municipal des droits à percevoir, il appartiendrait au Ministère de l'intérieur de préparer le décret et de le soumettre à la signature du chef de l'État après s'être concerté avec le Ministère des Travaux publics en lui communiquant les pièces de l'instruction;

Que les deux ministres devraient contresigner le décret et être chargés de son exécution, chacun en ce qui le concerne;

Qu'en cas de dissentiment, le Ministre de l'intérieur devrait, avant de provoquer le décret, soumettre le désaccord au Conseil d'État;

Sont d'avis de répondre par les observations qui précèdent aux questions posées par les deux Ministres.

Arrêté interministériel du 3 août 1878

(relatif aux occupations temporaires sur le domaine public de l'Etat).

Article premier. — Les **autorisations d'occuper temporairement** sur les routes, rivières et canaux et toutes autres dépendances du domaine public, fluvial et terrestre, des emplacements qui peuvent, sans inconvénient, être soustraits momentanément à l'usage de tous pour être affectés à un usage privatif ou privilège **sont accordés par le département des Travaux publics.**

Article 2. — **Les redevances** perçues au profit du Trésor à raison de ces occupations temporaires **sont fixées par l'Administration des finances.**

Article 3. — Toute demande d'occupation temporaire est rédigée sur papier timbré. Elle doit indiquer l'objet et la durée de cette occupation. Elle est adressée au Préfet qui la communique à l'ingénieur en chef des Ponts et Chaussées chargé du service intéressé. Si les ingénieurs estiment que la demande peut être accueillie ils formulent les conditions à imposer au permissionnaire au point de vue des convenances du service qui leur est confié.

Lorsqu'il s'agit de portions du domaine public dont l'occupation est de nature à empêcher la défense du territoire ou le service de la marine, les avis des administrations de la guerre ou de la marine sont pris, conformément aux règlements existants, c'est-à-dire aux décrets des 16 août 1853, 8 septembre 1878, 12 décembre 1884.

En cet état les pièces sont envoyées pour l'instruction de l'affaire en ce qui concerne le chiffre de la redevance, la date à laquelle elle devra être revisée, les époques des paiements, et toutes les conditions d'intérêt financier ou domanial : lorsqu'il s'agit du domaine public terrestre, au directeur des domaines; et s'il s'agit du domaine public fluvial, au directeur des Contributions indirectes, lequel les fait lui-même parvenir, avec ses observations, à son collègue des domaines.

Article 4. — La quotité de la redevance est fixée savoir : par le directeur des Domaines, lorsqu'elle ne dépasse pas 500 francs par an ; par le directeur général des Domaines, de 500 francs jusqu'à 2,000 francs ; et par le ministre des finances, au delà de 2,000 francs.

Article 8. — **Lorsqu'il n'y aura pas accord entre les chefs des services intéressés sur les conditions de l'autorisation, l'affaire sera soumise à l'Administration supérieure pour y être statué par les ministres des Travaux publics et des Finances, selon leur compétence respective — En cas de dissentiment entre le ministre des Travaux publics et des Finances sur la question de savoir si l'autorisation doit être gratuite ou soumise à une redevance, cette question sera déférée au Conseil d'État pour y être statué par un décret.**

Circulaire du Ministre des Travaux publics du 8 décembre 1879

(Portant nomenclature des diverses occupations qui peuvent être autorisées sur le domaine public fluvial ou terrestre).

Première catégorie. — *Occupations ayant seulement pour effet de soustraire momentanément à l'usage de tous des portions du domaine public.*

Les emplacements occupés par les bureaux, poteaux, bascules d'octrois, plantations d'agrément effectuées par les communes ; arbres plantés par les riverains sur les talus des routes ; kiosques pour vente de journaux ; bâtiments des stations d'omnibus ; poteaux télégraphiques d'intérêt privé ; **bureaux de négociants ; hangars, magasins** ; guérites privées ; grues fixes ; cabestans ; écuries sur les routes, les ports et les francs bords des rivières et canaux, cales de radoub ; cales d'accès particulier ; **appontement, estacades, embarcadères et débarcadères fixes ; . . .**

Deuxième catégorie. — *Occupations souterraines n'ayant pas pour effet de soustraire les emplacements à l'usage de tous ou même d'en changer la forme extérieure.*

. . . .

Troisième catégorie. — *Occupations superficielles ayant pour effet de modifier la forme sans affecter la destination des ouvrages.*

. . . .

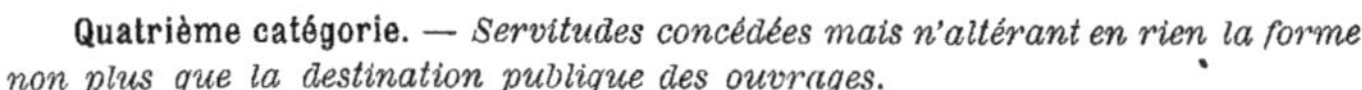

Quatrième catégorie. — *Servitudes concédées mais n'altérant en rien la forme non plus que la destination publique des ouvrages.*

. . . .

Cinquième catégorie. — *Occupations pour constructions flottantes.* — **Installations sur les berges ou dans le lit des rivières et canaux de grues, passerelles, pontons flottants d'embarquements, bateaux-lavoirs à eau chaude et à eau froide, bateaux de bains, écoles de natation.** . . . .

Loi du 5 Avril 1884

Article 68. — Ne sont exécutoires qu'après avoir été approuvées **par l'autorité supérieure,** les délibérations portant sur les objets ci-après :

. . . .

7° . . . . . Le tarif des droits de voirie, **le tarif des droits de stationnement et de location sur les dépendances de la grande voirie** et généralement les tarifs des droits divers à percevoir au profit des communes en vertu de l'art. 133 de la présente loi.

Article 69. — **Les délibérations des Conseils municipaux sur les objets énoncés en l'article précédent sont exécutoires sur l'approbation du préfet, sauf les cas où l'approbation par le Ministre compétent, par le Conseil général, par la Commission départementale, par un décret ou par une loi, est prescrite par les lois et règlements.**

. . . . . Lorsque le Préfet refuse son approbation, ou qu'il n'a pas fait connaître sa décision dans le délai d'un mois à partir de la date du récépissé, le Conseil municipal peut se pourvoir devant le Ministre de l'Intérieur.

Acticle 98. — Le maire a la police des routes nationales et départementales et des voies de communication dans l'intérieur des agglomérations, mais seulement en ce qui touche à la circulation sur lesdites voies.

Il peut, moyennant le paiement des droits fixés par un tarif dûment établi, sous les réserves imposées par l'art. 7 de la loi du 11 frimaire an VII, donner des permis de stationnement ou de dépôt temporaire sur la voie publique, sur les rivières, ports et quais fluviaux et autres lieux publics. . . . .

Article 133. — Les recettes du budget ordinaire se composent :

. . . .

6° Du produit des droits de place perçus dans les halles, foires, marchés ; d'après les tarifs dûment établis ;

7° **Du produit des permis de stationnement et de location sur la voie publique, sur les rivières, ports et quais fluviaux et autres lieux publics.**

Circulaire du Ministre de l'Intérieur aux Préfets sur la loi du 5 avril 1884 (15 mai 1884)

Article 68 § 7. — *Voirie et Taxes municipales :* « En présence des intérêts nombreux ou considérables et des questions souvent délicates qui se rattachent aux objets énoncés dans le § 7 de l'art. 68, le législateur a pensé que les délibérations du Conseil municipal sur ces objets devraient être subordonnées à l'approbation de l'administration supérieure. **Il ne fait au surplus que maintenir la législation précédente en ce qui touche**. . . . . **le tarif des droits de stationnement et de location sur les dépendances de la grande voirie, les tarifs des divers droits, c'est-à-dire des droits de stationnement de place ou de location à percevoir, soit dans les halles, foires et marchés, soit sur les dépendances de la petite voirie ou autres lieux compris dans le domaine communal**. . . . .

Article 133 § 7. — (Droits de stationnement et de location sur la voie publique sur les rivières, ports, quais fluviaux et autres lieux publics.)

Les perceptions faites au profit de la commune **doivent avoir lieu en vertu d'un tarif régulièrement homologué**. Ce tarif est d'abord voté par le Conseil municipal ; **il est ensuite soumis à votre sanction, s'il s'agit de droits de stationnement, de place ou de location à percevoir sur les dépendances de la petite voirie ou sur les rivières non navigables ou flottables.** A cet égard, le Conseil municipal n'a plus le pouvoir de décision propre que lui accordait l'art. 1er de la loi du 24 juillet 1867 lorsqu'il y avait accord entre le Maire et le Conseil.

Le législateur a pensé, relativement aux droits dont il est question comme en ce qui touche les droits perçus dans les halles, foires ou marchés, que la création de semblables redevances exigeait l'intervention de l'administration supérieure pour sauvegarder les divers intérêts qui pourraient être lésés par l'établissement de taxes successives.

Quant aux droits de stationnement, de place ou de location à percevoir sur les dépendances de la grande voirie, comme ils peuvent affecter directement les intérêts généraux de l'État, le pouvoir d'en autoriser la création et d'en percevoir le tarif n'a pas été décentralisé. Il est exercé par le Président de la République sur le rapport du Ministre de l'Intérieur, après avis du Ministre des Travaux publics au sujet des droits à percevoir, soit sur les rivières navigables ou flottables, soit sur leur berge. Le Ministre de l'Intérieur statue lui-même après avoir consulté son collègue lorsque la perception doit s'opérer sur d'autres dépendances de la grande voirie.

Loi annuelle de finances

(*État B. de la loi du 26 décembre 1890. Duvergier, p. 549.*)

Droits, produits et revenus au profit de l'État dont la perception est autorisée pour 1891 conformément aux lois existantes.

§ 4 Produits et revenus du Domaine de l'État.

1° Produits du domaine autre que le domaine forestier en France. — Revenus et produits de toute nature du domaine public, fluvial, maritime et terrestre...... (Lois des.... 11 frimaire an VII,..... 20 décembre 1872.)

(*État D. de la loi du 26 décembre 1890. Duvergier, p. 557.*)

Droits, produits et revenus dont la perception est autorisée conformément aux lois existantes, au profit des départements, des communes, des établissements publics et des communautés d'habitants dûment autorisées :

. . . .

Droits de voirie, dont les tarifs ont été approuvés par le Gouvernement, sur la demande et au profit des communes. (Loi du 6 avril 1884.)

. . . .

Droits de place perçus dans les halles, foires, marchés, abattoirs, d'après les tarifs dûment autorisés. (Loi du 5 avril 1884.)

Droits de *stationnement et de location sur la voie publique, sur les ports et rivières et autres lieux publics*. (Loi du 5 avril 1884.)

Taxes perçues à raison des services rendus par l'exploitation des ports de mer, des fleuves et rivières navigables ou des canaux, par les départements, les villes, les Chambres de commerce, les établissements publics et particuliers à ce autorisés par des lois et par décrets rendus en Conseil d'État.

. . . .

Lettre du Ministre de l'Intérieur du 23 février 1892

Monsieur le Préfet,

Vous appelez mon attention sur des difficultés auxquelles a donné lieu récemment, dans la commune d'Ivry, la perception de droits d'attache et de stationnement sur les bateaux et les trains, à raison de la superficie qu'ils occupent en Seine, con-conformément à un tarif voté par délibération du Conseil municipal d'Ivry du 7 février 1841, approuvé par l'un de mes prédécesseurs le 23 avril suivant.

Plusieurs industriels, méconnaissant la légalité de la taxe, ont refusé d'en acquitter le montant. Le Maire vous a adressé un état de recouvrement des droits contestés, et vous me demandez si vous devez le rendre exécutoire.

A l'époque, Monsieur le Préfet, où est intervenue la décision ministérielle du 7 février 1841, **le Chef de l'Etat n'intervenait pas pour homologuer,** en ce qui concerne les dépendances fluviales de la grande voirie, **les tarifs de stationnement** dont la perception au profit des communes a été autorisée par la loi du 11 frimaire an VII. **C'est seulement en 1875, qu'en vue de mettre fin à certaines difficultés et de mieux concilier les intérêts en jeu, on a adopté la règle, conformément à un avis des sections de l'Intérieur et des Travaux publics du Conseil d'Etat, de faire sanctionner par décret les perceptions concernant les fleuves et les rivières. Cette nouvelle procédure, qui, du reste n'est imposée par aucune disposition de loi et a le caractère d'une simple mesure administrative** résultant d'une entente entre les deux départements ministériels intéressés, **a été maintenue par la circulaire ministérielle du 15 mai 1884, mais elle s'applique uniquement aux autorisations nouvelles. Les tarifs antérieurement approuvés dans les formes alors suivies conservent toute leur forme légale tant que l'autorité compétente ne juge pas à propos de les rapporter ou de les modifier.**

D'un autre côté, dans le principe et pendant de longues années, le Ministre de l'Intérieur, avant de prendre sa décision, n'avait pas à consulter le Ministre des Travaux publics. D'abord, jusqu'en 1836, le Ministre de l'Intérieur était investi des attributions appartenant aujourd'hui au Ministre des Travaux publics. Depuis, nonobstant la création de ce ministère spécial, **il est demeuré admis que le Ministre de l'Intérieur continuerait à statuer sur les demandes des communes** sans autre avis préalable que celui des inspecteurs et ingénieurs de la navigation, dont il provoquerait lui-même le rapport. L'usage de faire précéder sa décision d'un avis du Ministre des Travaux publics ne s'est introduit que vers 1858, en vertu d'une résolution consentie entre mon département et celui de mon collègue.

Par suite, Monsieur le Préfet, vous pouvez rendre exécutoire le rôle de recouvrement qui vous a été présenté par le Maire d'Ivry-sur-Seine.

Recevez, Monsieur le Préfet, etc.

2° Extraits des textes généraux sur l'organisation administrative

Loi des 22 décembre 1789-8 janvier 1790

(Relative à la constitution des Assemblées primaires et des Assemblées administratives).

Section I. — Article premier. — Il sera fait une nouvelle division du royaume en *départements*, tant pour la représentation que pour l'administration.

Article 2. — Chaque département sera divisé en districts. . .

Article 6. — Il sera établi au chef-lieu de chaque département une assemblée administrative supérieure sous le titre d'Administration du département.

Article 6. — Il sera également établi au chef-lieu de chaque district, une assemblée administrative inférieure, sous le titre d'Administration de district.

Section III. — Article 2. — **Les Administrations de département sont chargées, sous l'inspection du roi comme chef suprême de la nation et de l'Administration générale du royaume, de toutes les parties de cette Administration, notamment de celles qui sont relatives :**

5° A la conservation des propriétés publiques;

6° A celle des ponts, rivières, chemins et autres choses communes;

7° A la direction et confection des travaux pour la confection des routes, canaux et autres ouvrages publics.

Loi des 27 avril-25 mai 1791

(Relative à l'organisation du ministère)

Article 7. — **Le ministre de l'Intérieur sera chargé :**

. . . . 4° Du maintien et de l'exécution des lois touchant les mines minières et carrières, les ponts et chaussées et autres travaux publics; **la conservation de la navigation et du flottage sur les rivières;**

. . . . **6° La surveillance et l'exécution des lois relativement à l'agriculture, au commerce de terre et de mer, à l'industrie. . . .**

Constitution du 5 fructidor an III

TITRE VII. ARTICLE 174. — Il y a dans chaque département une **Administration centrale** et dans chaque canton une **Administration municipale** au moins.

ARTICLE 190. — Les administrateurs sont essentiellement chargés de la répartition des contributions directes et de la surveillance des deniers provenant des revenus publics dans leur territoire.

ARTICLE 191. — Le Directoire exécutif nomme auprès de chaque Administration départementale ou municipale, un commissaire qu'il révoque lorsqu'il le juge convenable.

Ce commissaire requiert et surveille l'exécution des lois.

ARTICLE 193. — **Les Administrations municipales sont subordonnées aux Administrations de département et celles-ci aux Ministres.**

Décret du 21 fructidor an III

(Relatif aux fonctions des corps administratifs et municipaux)

ARTICLE 18. — Les **Administrations de département** conserveront les attributions qui leur sont faites par les lois aujourd'hui en vigueur, quels que soient les objets qu'elles embrassent.

ARTICLE 16. — Les **Administrations municipales**, soit de canton ou autres, connaîtront, dans leur ressort : 1° des objets précédemment attribués aux municipalités; 2° de ceux qui appartiennent à l'Administration et que la loi déléguait aux districts.

ARTICLE 21. — Les Administrations municipales connaitront aussi, comme remplaçant les districts, des objets d'administration qui avaient été délégués aux ci-devants agents nationaux des districts, pour ce qui pourrait en rester à suivre chacune dans leur rapport et sans que le Commissaire du Directoire exécutif puisse s'y entremettre sinon pour requérir et surveiller.

Décret du 10 vendémiaire an IV

(Sur l'organisation du Ministère)

Attributions du ministre de l'Intérieur :

ARTICLE 4. — . . . . . . La confection et l'entretien des routes, ponts, canaux et autres travaux publics; — les mines, minières et carrières; — la navigation intérieure, le flottage, le halage; — l'agriculture; — le commerce; — l'industrie. . . .

Constitution du 22 frimaire an VIII

ARTICLE 54. — **Les Ministres procurent l'exécution des lois et des règlements d'administration publique.**

ARTICLE 59. — **Les Administrations locales établies soit pour chaque arrondissement communal, soit pour des portions plus étendues du territoire, sont subordonnées aux Ministres.**

Loi du 28 pluviose an VIII

TITRE II. ARTICLE 2. — **Il y aura, dans chaque département, un Préfet, un Conseiller de Préfecture, et un Conseiller général de département, lesquels rempliront les fonctions exercées maintenant par les Administrations et Commissaires de département.**

ARTICLE 8. — Dans chaque arrondissement communal il y aura un sous-préfet et un conseiller d'arrondissement.

ARTICLE 9. — Le Sous-préfet remplira les fonctions exercées maintenant par les Administrations municipales et les Commissaires de canton.

Ordonnance du 19 mai 1830

Portant création du Ministère des Travaux publics

ARTICLE PREMIER. — Seront séparées du département de l'Intérieur pour former un Ministère particulier, sous le titre de Ministère des Travaux publics, les branches d'Administration qui composent. . . . . les rivières et cours d'eaux non navigables. . . . . .

3° Textes divers

Arrêté du 21 fructidor an IV

A compter du 1er Vendémiaire prochain, il ne pourra être adressé

Aux ministres;

Aux Administrations départementales et municipales.

Aux accusateurs publics;

Aux Commissaires du Directoire exécutif près **les Administrations** et les tribunaux. . . . aucun mémoire ou lettre qu'il ne soit écrit à mi-marge sur double feuille, etc.

Loi du 13 fructidor an V

(Concernant le service de la garde nationale)

ARTICLE 3. — La convocation ou réquisition des gardes nationales appartient aux **Administrations municipales et centrales** dans leurs cantons ou arrondissements respectifs. . . .

Dans les communes où, en vertu de l'article 184 de la Constitution, il est établi un bureau central, ce bureau devra aussi, en cas de besoin, s'adresser **aux administrations** à l'effet d'obtenir les gardes nationales nécessaires pour l'exécution des lois.

Loi du 5 juillet 1844

(Sur les brevets d'invention)

ARTICLE PREMIER. — Toute nouvelle découverte ou invention dans tous les genres d'industrie confère à son auteur, sous les conditions et pour le temps ci-après déterminés, le droit exclusif d'exploiter à son profit la dite découverte ou invention. — **Ce droit est constaté par des titres délivrés par le Gouvernement sous le nom de brevets d'invention.**

ARTICLE 11. — « Un **arrêté du ministre** constatant la régularité de la demande « sera délivré au demandeur et **constituera le brevet d'invention.**

Ordonnance du 27 février 1832

(Relative à la création facultative d'entrepôts)

ARTICLE 10. — Les villes qui demanderont l'établissement d'un entrepôt devront pourvoir à la dépense spéciale nécessitée par la création et le service desdits entrepôts. . . .

Ces villes jouiront des droits de magasinage dans l'entrepôt, **conformément aux tarifs** qui seront consentis avec les Chambres de commerce **et approuvés par le Gouvernement.**

Ordonnance du 26 octobre 1832

(Qui accorde un entrepôt réel à la ville d'Orléans)

Le tarif des droits de magasinage à percevoir dans l'entrepôt d'Orléans **sera fixé et arrêté par notre ministre secrétaire d'État du Commerce et des Travaux publics** sur la proposition du Conseil municipal et l'avis de la Chambre de commerce de ladite ville.

4° Extraits des auteurs

Batbie, traité de droit administratif, t. V, p. 123.

« L'autorité municipale peut accorder, soit à titre onéreux, soit à titre gratuit, la permission aux voitures et bateaux de stationner sur les rues, ports, places, débarcadères, rivières, etc.

Le tarif est dressé par le Conseil municipal et **devient exécutoire par l'approbation du Préfet.** (Art. 68, n° 7 bis, loi de 1884.).

Blanche, *Dictionnaire d'administration* (V° Commune, p. 137).

« **Les tarifs des droits de stationnement** délibérés par les Conseils municipaux **sont restés, même depuis 1852, soumis à l'approbation du ministre de l'Intérieur,** qui ne statue qu'après avoir pris l'avis de ses collègues de l'Agriculture, du Commerce et des Travaux publics. »

Bost, *Traité des Communes*, t. II, p. 415.

« Les places publiques sont dans les attributions de la police locale. C'est elle qui est chargée de pourvoir à leur propreté, à leur sûreté, à leur salubrité; de veiller à leur conservation; de s'opposer à toutes les entreprises qui pourraient les dégrader.

« Cette surveillance exige des soins, occasionne des frais. Il faut bien que celui qui supporte ces charges en soit indemnisé de quelque manière. Aussi avait-on autrefois accordé au seigneur, haut justicier chargé de tout ce qui concernait la petite voirie, le droit de construire une halle publique sur le territoire de la commune pour la louer à son profit.

« Les institutions féodales ayant disparu, les communes, substituées aux seigneurs pour toutes les charges relatives à la voirie, leur ont été naturellement subrogées quant aux droits des halles.

« La loi du 28 mars 1790 contient à cet égard un article (19) ainsi conçu :

« Par une circulaire du 8 août 1813, le ministre de l'Intérieur a fait ressortir l'intérêt des communes à l'exécuter et a chargé les préfets de déclarer que toute perception de droits dans les halles serait faite dorénavant au nom des communes et à leur profit. »

« La loi de l'an VII place au nombre des recettes communales le prix de location de places dans les halles, marchés et chantiers, sur les rivières, ports et promenades publiques, **lorsque les Administrations auront reconnu** que cette location peut avoir lieu sans gêner la voie publique, la navigation, la circulation et liberté du commerce.

Du mot « d'Administrations » cité ci-dessus, quelques préfets avaient conclu que les arrêtés par eux pris sur les perceptions des droits de location n'avaient pas besoin d'être soumis à l'examen de l'autorité supérieure; mais le ministre de l'Intérieur a fait remarquer que, chargé par la loi de l'administration des communes, il devait être à portée d'apprécier : 1° Si elles ont besoin d'augmenter leurs revenus; 2° Si les droits à percevoir ne sont pas trop considérables; 3° Si leur établissement ne nuirait pas à la circulation et au commerce des denrées; et qu'à ces divers titres l'autorisation d'établir ces droits ne pourra être accordée que par lui.

« La cour de cassation s'est déclarée d'un avis contraire (Arrêt du 4 juin 1823). — Elle a décidé que l'approbation préfectorale était suffisante.

« Les considérations sur lesquelles s'appuie cet arrêt laissent subsister dans toute leur force les motifs de la décision ministérielle.

« Peu importe, en effet, que la taxe dont il s'agit, soit une recette ordinaire ou extraordinaire; il n'en est pas moins incontestable que M. le ministre de l'Interieur, par suite des documents généraux qui lui parviennent, est seul apte à juger des trois circonstances principales énumérées dans la circulaire de 1807. »

Cotelle,, *traité de droit administratif*, t. IV, p. 464.

« .....De ce qu'il s'agit d'une recette municipale, s'en suit-il qu'elle puisse être faite sous la seule autorisation du ministre de l'Intérieur? Ou même, sous l'empire du décret du 25 mars 1852, sur la décentralisation administrative. appartient-il aux préfets seuls d'en approuver l'établissement et le tarif?

« A la vérité, l'art. 31, 7° de la loi du 18 juillet 1837, en parlant du produit sur les ports, ne reproduit pas la réserve faite dans l'art. 7, § 3, , 3°, de la loi du 11 frimaire an VII en ces termes : « Lorsque *les administrations auront reconnu*, etc. » Mais elle n'abroge pas non plus les dispositions de cette loi, suivant laquelle, dès lors, il appartient à l'autorité supérieure d'examiner « si la location peut avoir lieu sans gêner la voie publique, la navigation, la circulation et la liberté du commerce. » **Or, en tant qu'il s'agit de lieux dépendant de la grande voirie, tels que les ports maritimes de commerce, de pareilles locations ne seront point légalement établies, si elles n'ont été soumises à l'approbation du ministre des Travaux publics.** »

Dalloz, V°, commune, supplément N° 500 et suivants;

« On a vu au répertoire n° 60 que le tarif à percevoir pour les droits de place devait, sous l'empire de la loi de 1837, être arrêté, sur la proposition du Conseil municipal, par le Préfet, mais avec l'approbation du Ministre du Commerce.

« Le décret du 25 mars 1852 a supprimé la nécessité de l'approbation ministérielle et l'article 1er § 4 de la loi du 24 juillet 1867 a dispensé de l'approbation préfectorale les délibérations des Conseils municipaux réglant les droits de place.

« **Cette dernière disposition n'ayant pas été reproduite dans la loi de 1884, il en résulte que les délibérations dont il s'agit sont aujourd'hui soumises à l'approbation du préfet par application de la règle générale du § 13 de l'article 67 de la loi de 1884.** »

Dupin, (*Traité de la comptabilité des Communes*) (1820).

« Le tarif des locations visées par la loi du 11 frimaire an VII est délibéré par le Conseil municipal **et soumis, avec l'avis du préfet, au ministre de l'Intérieur.** »

Foucart, Professeur à la Faculté de Droit de Poitiers. (*Traité de droit administratif*) N° 1738 (1844).

« Les halles et les marchés donnent lieu à la perception d'un droit de place qui fait partie du revenu des communes. La loi de 1837 les autorise même à percevoir des droits de stationnement et de location sur la voie publique, les ports, rivières et autres lieux publics. Ces différents droits sont établis à raison du terrain qu'occupent les marchands; **ils sont réglés par un tarif proposé par le Conseil municipal, arrêté par le préfet et approuvé par le ministre du Commerce.** (V. arr. consul. du 16 nov. 1836.) »

Merlin, (répertoire V° Maire, p. 670).

« Les projets de tarif et de règlement votés par le Conseil municipal, revêtus de l'avis du sous-préfet et arrêtés par le préfet. **deviennent définitivement exécutoires par l'approbation du ministre de l'Intérieur.** »

Verdalle. (*Traité de la comptabilité des Communes*, p. 64.)

« Dans la pratique administrative, on a toujours considéré que l'homologation des tarifs en ce qui concerne le stationnement sur le domaine public national n'avait pas été placé dans les attributions du préfet par le décret de 1852. **Jusqu'en 1875 cette homologation avait été donnée par le ministre de l'Intérieur.**

Vuillefroy et Monnier, (*Principes d'administration,* p. 215.)

« Le droit de location de places que la loi de frimaire an VII a permis aux communes d'établir dans les marchés et les halles doit être établi à raison du mètre de terrain que les marchands veulent occuper.

« L'arrêté du préfet approuvant le tarif proposé par le Conseil municipal **doit être soumis à l'approbation du ministre de l'Intérieur.** (Circulaire ministérielle du 17 décembre 1807). Le gouvernement, tuteur des communes, a intérêt à apprécier : 1° Si elles ont besoin d'augmenter leurs revenus ; 2° Si les droits à percevoir ne sont pas trop considérables ; 3° Si leur établissement ne nuira pas à la circulation et au commerce et à l'approvisionnement des communes. »

5° Jurisprudence

Arrêt Cayla du 9 décembre 1885

(D. 86. 1. 414; — S. 87. 1. 197.)

Attendu que la loi du 11 frimaire an VII permet l'établissement de taxes pour la location de places dans les halles, les marchés, sur les rivières et les ports « lorsque les administrations auront reconnu que cette location peut avoir lieu sans gêner la voie publique, la navigation, la circulation et la liberté du commerce. »

Attendu que la loi du 24 juillet 1867 a placé la fixation du tarif de ces droits dans les attributions des Conseils municipaux, sauf approbation de l'autorité supérieure.

Que les décrets de 1852 et de 1861 ont donné aux préfets le droit d'autoriser ces tarifs, *mais seulement lorsqu'il s'agit d'objets touchant à un intérêt d'administration départementale ou communale;*

Qu'ils ont réservé au gouvernement le droit d'approbation quand il s'agit de l'Intérêt général de l'Etat;

Qu'il en est ainsi, notamment, quand il s'agit de droits de place et de stationnement sur les ports, quais, rivières et autres lieux dépendant de la grande voirie, à raison des intérêts généraux qui se rattachent à la liberté du commerce et de la navigation, et que ces perceptions pourraient compromettre;

Attendu que les perceptions réclamées contre Cayla avaient pour objet des dépôts effectués sur la cale du faubourg Saint-Georges, dans la ville de Cahors;

Qu'il a été allégué par Cayla, et non contredit par l'arrêt attaqué que cette cale est un quai de débarquement sur la rampe de la rive gauche du Lot dépendant du domaine de l'Etat;

Attendu que l'arrêté du 18 décembre 1880, dit cahier des charges et tarif des droits de place dans la ville de Cahors, en vertu duquel ces droits ont été réclamés, a été approuvé par le préfet du Lot seulement;

Que cette approbation ne suffisait pas à en assurer la légalité en ce qui concerne les dépendances du domaine de l'Etat;

Attendu qu'en condamnant Cayla en vertu dudit acte, à payer les sommes réclamées par le fermier des droits de place de la ville de Cahors, l'arrêt attaqué a violé les dispositions des lois susvisées.

Arrêt Celerier du 16 février 1886

(D. 86. 1. 173. — S. 1,345. — Pand. franç. 88. 1 443).

« **Attendu** — porte l'arrêt — **que le décret du 30 mars 1808, qui a institué à Paris un entrepôt franc pour les vins et eaux-de-vie, dispose expressément que les droits à payer dans cet entrepôt seront réglés par le chef de l'État.**

« Attendu qu'il n'a pas été dérogé à cette disposition du décret de 1808 en ce qui concerne les droits de location, par l'article 54 de l'ordonnance du 9 décembre 1814 qui n'a accordé au Ministre des Finances le pouvoir de faire un règlement particulier que pour les prix de magasinage ;

« Attendu qu'après l'ordonnance de 1814, les droits de location ont continué d'être réglés par le chef de l'État, d'abord dans l'ordonnance du 22 mars 1833 qui reproduit la distinction des droits de location et des prix de magasinage; et ensuite dans le décret du 10 décembre 1859;

« Attendu qu'il n'a pas été dérogé au décret du 30 mars 1808 par les décrets du 25 mars 1852 et du 9 janvier 1861, dits de décentralisation;

« Que ces décrets n'ont, dans le tableau A n° 34 et 44 attribué aux Préfets que des affaires d'intérêt départemental ou communal se rattachant au Ministère de l'Intérieur;

« Que, d'autre part, les droits de location et de place dans les halles et marchés, ainsi que les baux à donner dont il s'agit dans ce tableau ne peuvent comprendre les droits à percevoir dans un entrepôt dont les revenus affectent directement les grands intérêts du Trésor, le commerce général et l'impôt des boissons et peuvent avoir sur la consommation qui est la base de cet impôt une influence sérieuse;

« Qu'il suit de là que la tarification de ces droits n'a pas cessé d'appartenir au chef de l'État, et que le tarif établi en 1866 par le Préfet de la Seine ainsi que celui de 1876 réglé par le Ministre des Finances n'ont jamais eu force obligatoire;

« Qu'en déclarant que les sommes exigées de Célerier en vertu des dits tarifs l'avaient été illégalement, le jugement attaqué n'a violé aucune loi . . . . rejette. »

Arrêt du Conseil d'Etat du 2 avril 1889

(Ville de Bourges — Leb. p. 499)

Considérant que, si d'après les articles 98 et 133 de la loi du 5 avril 1884 les communes ont la faculté de percevoir des droits de stationnement ou de dépôt temporaire sur la voie publique, les rivières, ports et quais fluviaux et autres lieux publics, aucun tarif ne peut être établi, aux termes dudit article 98, que sous les réserves imposées à l'article 7 de la loi du 11 frimaire an VII, c'est-à-dire lorsque l'administration a reconnu qu'il n'aura pas pour effet de gêner la navigation, la circulation ou la liberté du commerce;

Que la ville de Bourges ayant sollicité l'autorisation de percevoir des droits de location et de stationnement sur les dépendances du canal du Berry, le Ministre de l'Intérieur a rejeté cette demande en se guidant, conformément à l'avis du Ministre des Travaux publics, sur les graves inconvénients que présenteraient les taxes projetées au point de vue de la navigation et du commerce ;

Qu'ainsi, et sans qu'il soit besoin d'examiner s'il faut assimiler les ports et quais des canaux à ceux des rivières, **le ministre n'a fait qu'user des pouvoirs d'administration à lui conférés par les lois du 11 frimaire an VII et du 5 avril 1884 ;** — que dès lors sa décision n'est pas susceptible de recours contentieux.

Arrêt Darbon du 4 novembre 1890

(D. 91. 1. 217; — S. 91. 1. 16 — Pand franç. 91. 1. 120)

Vu l'article 7 de la loi du 11 frimaire an VII

Vu les articles 68 et 98 de la loi du 5 avril 1884,

Attendu qu'il résulte des textes précités : 1° que, parmi les recettes ordinaires du budget communal, figure le produit des permis de stationnement et de location sur la voie publique, sur les rivières, ports et quais fluviaux et autres lieux publics ;

2° Que ces permis ne doivent être délivrés que lorsque les administrations ont reconnu que cette location peut avoir lieu sans gêner la voie publique, la navigation, la circulation et la liberté du commerce ;

3° que la fixation du tarif de ces droits de stationnement et de location est placée dans les attributions des Conseils municipaux sauf approbation de l'autorité supérieure ;

4° Que, si le préfet a le droit d'autoriser ces tarifs, c'est seulement lorsqu'il s'agit d'objets touchant à un intérêt d'administration départementale ou communale, mais qu'il faut un décret du gouvernement quand il s'agit de l'intérêt général de l'État et qu'il en est ainsi notamment des droits de stationnement et d'amarrage sur les ports, quais, rivières et autres dépendances de la grande voirie, droits dont la perception pourrait porter atteinte à la liberté du commerce et de la navigation ;

Attendu qu'il suit de là que cette perception n'est légale que lorsqu'elle a eu lieu en vertu d'un tarif régulièrement approuvé par le Gouvernement et attendu que pour condamner les sieurs Darbon à payer les sommes réclamées par la Ville de Lyon pour stationnement de leurs pontons et amarrage de leurs bateaux, l'arrêt attaqué s'est fondé uniquement sur un prétendu contrat de bail invoqué par la Ville et consenti de gré à gré . . . . . Par ces motifs, casse.

Arrêt Compagnie Générale de Navigation contre Ville de Beaucaire du 11 juillet 1896

(D. 96. 1. 150 Pand fr. 96. 1. 89)

« Attendu que quand il s'agit de droits touchant à l'intérêt général de l'État, et notamment, comme dans l'espèce, **de droit de stationnement et d'amarrage sur les**

ports et quais fluviaux, la perception doit en être autorisée par le gouvernement;

« Qu'en fait les droits dont la Compagnie générale de navigation demandait la restitution ont été perçus **en vertu d'un arrêté du préfet du Gard, approuvé par le Ministre de l'Intérieur, et par suite sur des tarifs établis par une autorité incompétente.** » . . . .

Arrêt Compagnie Générale de Navigation contre Ville de Lyon du 23 mars 1897

(Gazette des Tribunaux du 11 Avril 1897)

« Vu l'article 7 paragraphe 3 de la loi du 11 frimaire an VII, l'article 1 paragraphe 5 de la loi du 24 juillet 1867, les articles 68 et 98 de la loi du 5 avril 1884.

« Attendu qu'il résulte de ces textes : 1° que parmi les recettes ordinaires du budget communal figure le produit des permis de stationnement et de location sur la voie publique, sur les rivières, ports, quais fluviaux et autres lieux publics ; 2° que ces permis ne doivent être délivrés que lorsque les administrations ont reconnu que cette location peut avoir lieu sans gêner la voie publique, la navigation, la circulation et la liberté du commerce ; 3° que la fixation du tarif de ces droits de stationnement et de location est placée dans les attributions des conseils municipaux, sauf approbation de l'autorité supérieure ; 4° **que si le préfet a le droit d'autoriser ces tarifs, c'est seulement lorsqu'il s'agit d'objets touchant à un intérêt d'administration départementale ou communale, mais qu'il faut un décret quand il s'agit de l'intérêt général de l'État, et qu'il en est ainsi, notamment, des droits de stationnement et d'amarrage sur les ports, quais, rivières et autres dépendances de la grande voirie, droits dont la perception pourrait porter atteinte à la liberté du commerce et de la navigation ;**

« **Attendu qu'il suit de là que cette perception n'est légale que lorsqu'elle a lieu en vertu d'un tarif régulièrement approuvé par le gouvernement ;**

« Et attendu que, dans l'espèce, il est constant, en fait, que les droits d'attache et d'amarrage de bateaux sur le Rhône et la Saône, de stationnement, de pontons, d'occupation et d'emplacement sur les bas-ports de ces deux fleuves, dont la Ville de Lyon demandait paiement, pour 1891, à la Compagnie Générale de Navigation étaient, comme ceux qu'elle avait perçus depuis 1862 jusqu'en 1890, réclamés par elle en vertu de tarifs approuvés seulement par le Préfet du Rhône ou par le Ministre de l'Intérieur ; que, dès lors, en validant la contrainte signifiée à la Compagnie demanderesse et la déboutant de sa demande en restitution des sommes qu'elle avait antérieurement payées, le jugement attaqué a violé les articles de loi ci-dessus visés :

« Casse. »

Paris. — Imp. Maréchal et Montorier 16, passage des Petites-Écuries.

www.ingramcontent.com/pod-product-compliance
Ingram Content Group UK Ltd.
Pitfield, Milton Keynes, MK11 3LW, UK
UKHW020527230726
13925UKWH00005B/2248

9 782014 063295